W0015683

Alexander Holzach

HASE 1 AN HASE 2

Eine Liebesgeschichte

arsEdition

Ich würde immer wieder
ALLE Hebel in Bewegung setzen ...

… um dich als Hauptgewinn
zu bekommen.

Das Bett ist einfach nur kalt ohne dich!

DU bist meine Heizdecke,
meine Wärmflasche,
mein Trostkissen
und und und ...

Mit dir kann ich mir alles vorstellen ...

... auch dass etwas MEHR dabei rausspringt.

Mein Ein und Alles!
Egal, in welchem Zeitalter …

... ich hätte dich IMMER und ÜBERALL gefunden.

Schöne Träume sind toll.

Aber von dir
zu träumen,
toppt ALLES!

Sollten wir AUSNAHMSWEISE mal

nicht einer Meinung sein ...

... ist die Versöhnung umso schöner.

ALASKA ↓
Wo ich auch bin: ...

... Wenn ich an dich denke,
wird mir warm ums HERZ.

Eine Welt OHNE dich???

Brauch ich nicht!

Wenn du nicht
in meiner Nähe bist ...

... dann ...

... na ja dann ...

... ist alles ziemlich BEXXXXXSSEN!

Ein Candle-Light-Dinner mit DIR ...

... und ich könnte glatt das Bestellen vergessen.

So richtig DUFTE
geht es mir erst ...

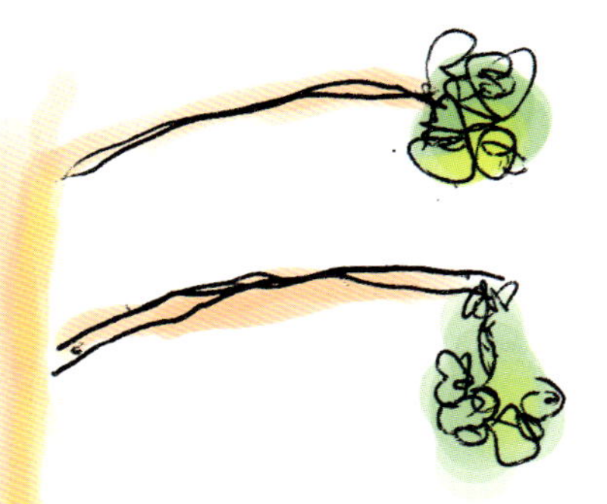

... wenn du in meiner Nähe bist.

Wenn ich in einen Hochleistungscomputer
alle meine Wünsche eingegeben hätte ...

... hätte der hundertprozentig
DICH ausgespuckt.

NICHTS soll uns trennen ...

... sonst geht's mir dreckig.

Schon als ich dich
das erste Mal gesehen habe ...

... war ich HIN UND WEG!
FLUFF

Von dir …

… kann ich gar nicht
GENUG bekommen.

Was brauche ich ein FETTES BANKKONTO,
einen Palast oder sonstigen Kram!

NICHTS ist so kostbar
wie die Zeit mit dir!

Hey! Du Leckerbissen!

Sei bloß froh, dass Liebe nicht
WIRKLICH durch den Magen geht!

Ich bin nicht nur gerne in deiner Nähe ...

... ich bin gerne GAAAAAAANZ nah!

Ich habe nicht nur Augen NUR für dich ...

… auch meine Ohren sind ganz dein.

Andere Partner?

UNVORSTELLBAR!

Ich fühle
mich unvollständig
ohne dich.

Du bist
meine BESSERE
Hälfte.

Wenn ich dich nur sehe ...

... wimmelt's in meinem Bauch vor
SCHMETTERLINGEN.

Dich ...

… lasse ich NIIIIIIIIIEEEEEEE mehr los!

Illustration und Text: Alexander Holzach
Lizenzgeber: Licensegateway Ltd., Köln
Gestaltung: Jürgen Hailer, arsEdition GmbH
ISBN 978-3-7607-8985-9
7. Auflage

www.arsedition.de

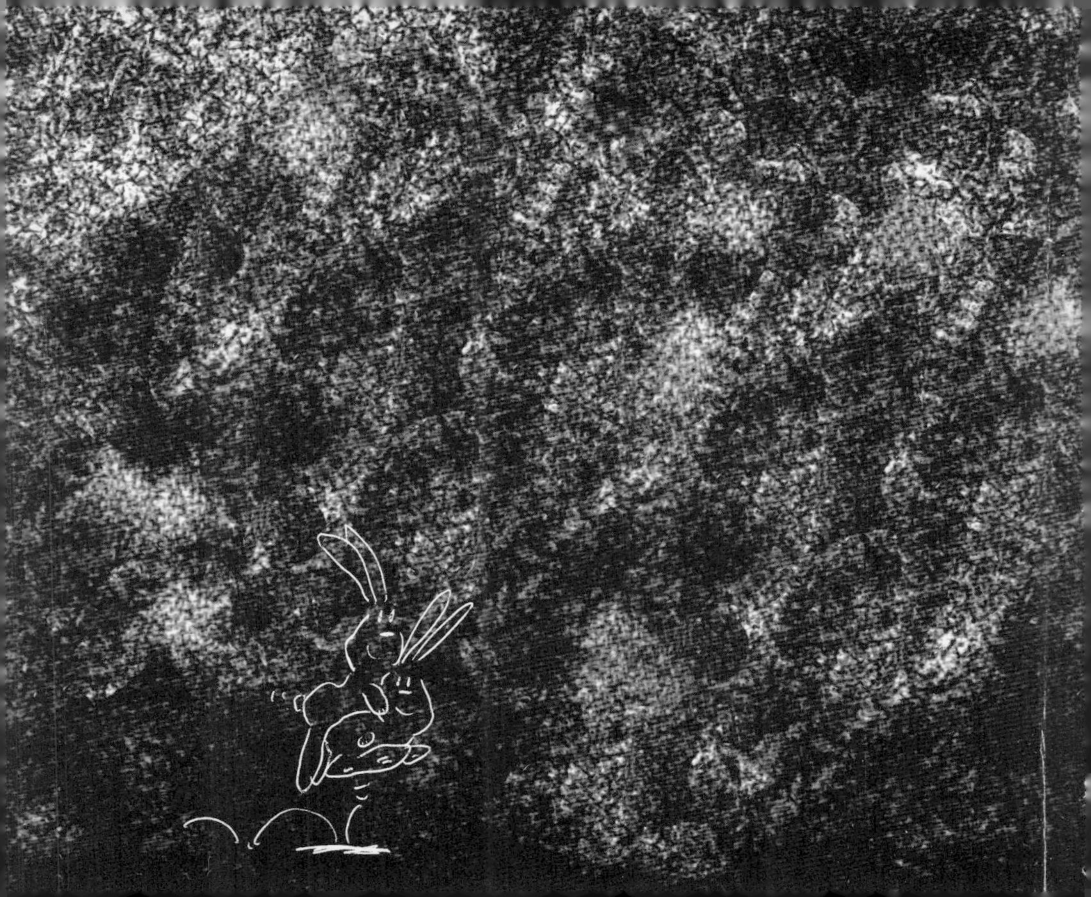